中国儿童核心素养培养计划

课后半小时 小学生阶段阅读

文化基础 ✕ 自主发展 ✕ 社会参与

# 多彩世界

开启环球之旅

## 015

课后半小时编辑组 ■ 编著

北京理工大学出版社
BEIJING INSTITUTE OF TECHNOLOGY PRESS

# 核心素养之旅
## Journey of Core Literacy

中国学生发展核心素养，指的是学生应具备的、能够适应终身发展和社会发展的必备品格和关键能力。简单来说，它是可以武装你的铠甲、是可以助力你成长的利器。有了它，再多的坎坷你都可以跨过，然后一路登上最高的山巅。怎么样，你准备好开启你的核心素养之旅了吗？

## 文化基础

### 科学基础

- 第 1 天 万能数学 〈数学思维
- 第 2 天 地理世界 〈观察能力 地理基础
- 第 3 天 物理现象 〈观察能力 物理基础
- 第 4 天 神奇生物 〈观察能力 生物基础
- 第 5 天 奇妙化学 〈理解能力 想象能力 化学基础

### 科学精神

- 第 6 天 寻找科学 〈观察能力 探究能力
- 第 7 天 科学思维 〈逻辑推理
- 第 8 天 科学实践 〈探究能力 逻辑推理
- 第 9 天 科学成果 〈探究能力 批判思维
- 第 10 天 科学态度 〈批判思维

### 人文底蕴

- 第 11 天 美丽中国 〈传承能力
- 第 12 天 中国历史 〈人文情怀 传承能力
- 第 13 天 中国文化 〈传承能力
- 第 14 天 连接世界 〈人文情怀 国际视野
- 第 15 天 多彩世界 • 国际视野

## 自主发展

### 学会学习

- 第 16 天 探秘大脑 〈反思能力
- 第 17 天 高效学习 〈自主能力 规划能力
- 第 18 天 学会观察 〈观察能力 反思能力
- 第 19 天 学会应用 〈自主能力
- 第 20 天 机器学习 〈信息意识

### 健康生活

- 第 21 天 认识自己 〈抗挫折能力 自信感
- 第 22 天 社会交往 〈社交能力 情商力

## 社会参与

### 责任担当

- 第 23 天 国防科技 〈民族自信
- 第 24 天 中国力量 〈民族自信
- 第 25 天 保护地球 〈责任感 反思能力 国际视野

### 实践创新

- 第 26 天 生命密码 〈创新实践
- 第 27 天 生物技术 〈创新实践
- 第 28 天 世纪能源 〈创新实践
- 第 29 天 空天梦想 〈创新实践
- 第 30 天 工程思维 〈创新实践

### 总结复习

- 第 31 天 概念之书

# 我们一起
# "云游"世界

　　"世界这么大，我想去看看。"几年前一位教师的辞职信如此写道，后来这句话引发了很多的关注，火遍全网。网友们赞叹的是这位老师的勇气，此外，引起深深共鸣的应该还有看世界的想法吧！"环游世界"的梦想谁不曾有过呢？如果给你一次机会，不考虑时间、金钱这些外部因素，可以去往你心底最向往的一个地方，你会立刻飞往世界的哪个角落？

　　带着你的答案，和我一起"搭载"这本书，开启一趟世界之旅吧！书中依次介绍了世界七大洲、代表性国家、美丽风景、丰饶资源以及有"世界之最"称号的景点，它们有着不同的经度和纬度，有着不同的语言和文字，却共

同展示着世界的多元与美好。我们总是在说文化自信，文化自信是一个国家、一个民族发展中更基本、更深沉、更持久的力量，我们要在发自内心地欣赏和传承优秀传统文化的基础上，将目光望向广阔的世界，去尝试了解其他地方的人民是如何生活的，接触其他国家的人文理念。在广袤的世界之林中，还有很多民族和我们一样屹立其中，共同建设着我们的世界。有点可惜的是，这本书由于篇幅的缘故，有许多可爱的地方没被收录进来，那就期待着你真正去那里观光吧！

　　各位小旅客，我们这趟环游世界的航班即将启程，好好享受这场云旅游吧，祝你旅途愉快！

分册主编 孙国祎

# 漂洋过海的番薯

撰文：Sun

每年的秋冬季节，大街上都会飘起甜甜的红薯香气。红薯，又叫番薯、甘薯、地瓜，是一种生活中常见的食物，它的原产地在遥远的美洲，欧洲人发现后把它带到了菲律宾一带。而番薯能够来到中国，得归功于商人陈振龙。原来，明朝万历年间，陈振龙在菲律宾品尝到了番薯，意识到番薯的价值，决定引进到中国，但当时菲律宾被西班牙统治，严禁番薯外传。

陈振龙将番薯藤和缆绳混缠在一起，并涂抹上泥巴，躲过了检查。他的船航行了 7 天，终于把番薯藤带到了福建。这一年，福建发生旱灾，陈振龙和儿子陈经纶向福建巡抚金学曾建议种植番薯，帮助灾民度过灾荒，金学曾便让陈经纶进行试种。试种成功后，金学曾亲自品尝，觉得番薯味道甘甜，还能填饱肚子，是一种很好的农作物。之后，番薯在福建推广种植，直到现在，我们已经成熟掌握了番薯的种植技术。软糯香甜的番薯，好比一艘周游世界的小船，在很多地方历险后，终于到达了东方。世界的多元与融合，令生活变得更精彩丰富。

陈振龙在海上航行了 7 天才带着番薯藤回到福建。

陈振龙将番薯藤和缆绳混缠在一起。

挖番薯

# 番薯怎么吃?

番薯的食用部分是它长在地下的块根,
食用方法多种多样, 可以直接生吃, 也可以煮着吃, 烤着吃,
煮粥吃,或者晒成地瓜干, 做成小零食。番薯的淀粉含量很高,
人们也可以将番薯磨粉做成好吃的粉条。

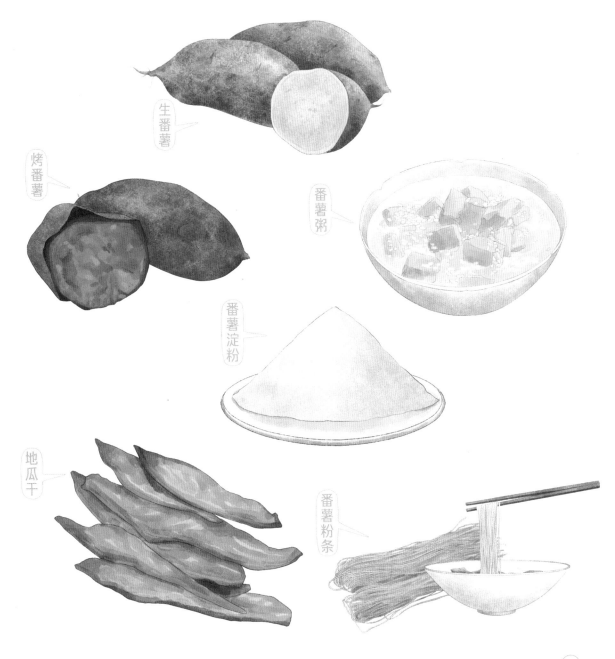

生番薯

烤番薯

番薯粥

番薯淀粉

地瓜干

番薯粉条

# 揭秘：板块是怎么形成的

撰文：Sun

美术：露可一夏

　　一颗小小的番薯，从遥远的美洲被带回欧洲，再经过多日的漂泊来到亚洲，如今已成为很多个国家餐桌上的美味。读完番薯历险的故事，你会不会好奇：世界上不同的大洲都是怎样形成的？我们的邻居为什么是欧洲？地球村村长马上告诉你答案！

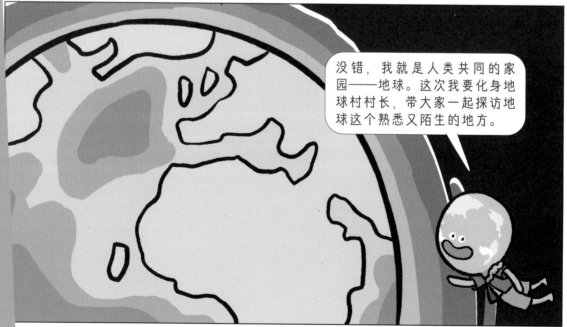

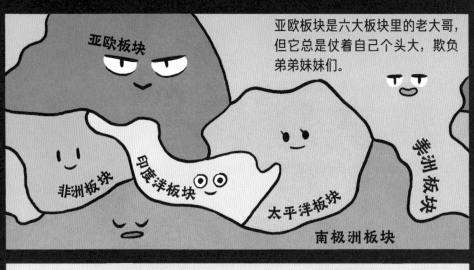

亚欧板块是六大板块里的老大哥，但它总是仗着自己个头大，欺负弟弟妹妹们。

有一天，四妹太平洋板块正在海里悠闲地游泳，忽然亚欧板块撞了过来。

哇啊！

可怜的四妹还没反应过来就被挤得沉到了海底。

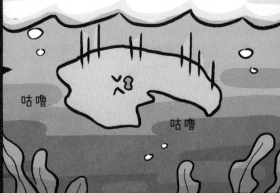

咕噜

咕噜

被压下去的太平洋板块将亚欧板块在海面以下的部分抬升，形成很多岛屿。

其中最有名的就属东亚的群岛了，那里多火山、地震。

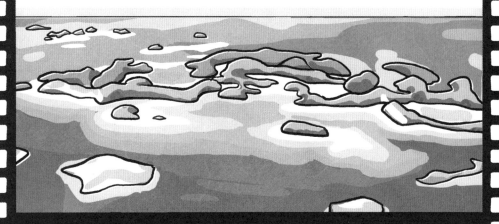

而太平洋板块俯冲的这一边却形成了很多的海沟。这里有著名的马里亚纳海沟。

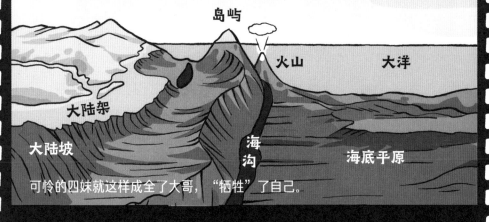

可怜的四妹就这样成全了大哥，"牺牲"了自己。

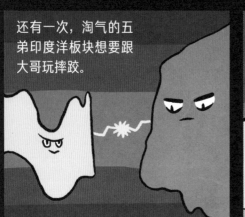

还有一次，淘气的五弟印度洋板块想要跟大哥玩摔跤。

两大板块刚一相撞，体格明显占优势的亚欧板块就把五弟压在身下。

印度洋板块

亚欧板块

可怜的印度洋板块只能用瘦小的身躯将亚欧板块抬升。

喜马拉雅山脉

青藏高原

恒河平原

印度洋板块

亚欧板块

这就是世界最高山脉喜马拉雅山脉和青藏高原形成的始末。

THE END

这下终于明白为什么我们的家园看起来高低起伏、连绵不绝了吧？

人类总是在不断探寻各种适合居住的地方，并在那些地方安家落户。

慢慢地，那些地方就成为大家的永恒居所，每个人心之所向的港湾。

这次我想带大家走入我的世界，一起探寻这个熟悉又陌生的地方。

# 世界七大洲

撰文：豆豆菲
美术：露可一夏

## 超级亚洲

我们首先来到的就是世界上最大的大洲——亚洲。它到底有多大？亚洲总面积超过 4 400 万平方千米，地形复杂多样。同时，亚洲也是全世界人口最多的一个洲。亚洲这么辽阔，为了便于认识，人们就按照地理方位把亚洲分为东亚、东南亚、南亚、西亚、中亚和北亚 6 个地区，每一个地区都有着自己的特色。

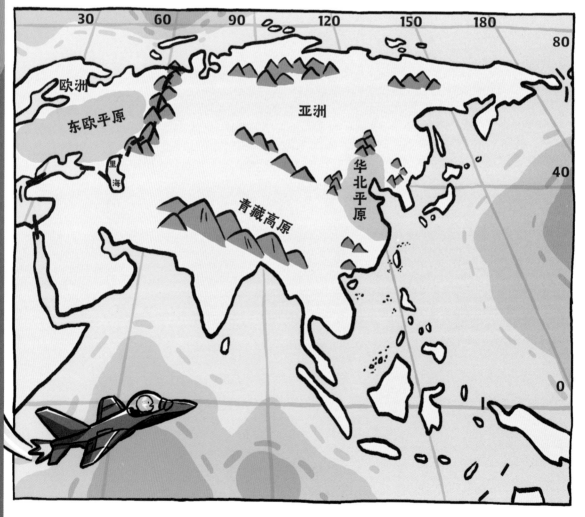

亚洲与欧洲陆地相连，以乌拉尔山、乌拉尔河以及里海、大高加索山脉、黑海、土耳其海峡为界。我们沿着这条线路，来领略一下属于亚洲的神奇之美吧。

上下求索 ● E X P L O R A T I O N

# 美丽的欧洲

穿过乌拉尔山脉，我们便来到了美丽的欧洲。
在这片开阔的土地上，有许多个国家，以浪漫著称的法国、世
界公园瑞士、艺术之国意大利、郁金香飘香的荷兰……都集结
在这里。此外，还有无数的田园、河流、湖泊及宫殿、教堂、
商店和公园，千千万万的艺术与时装……

咦，怎么走了一
圈又回到乌拉尔
山脉了？

因为我们要从这
里告别亚洲，开
启欧洲之旅！

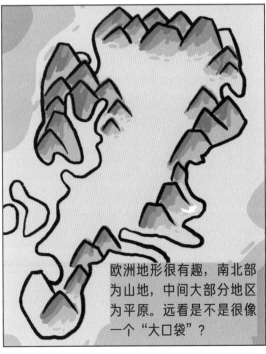

# 多彩的非洲

快看,长颈鹿!还有大象!

我们来到了非洲大草原,南北部大片草原连成一片,是非洲最具特色的景观。

这里野生动物数量和种类居世界之首。一年分干湿两季,因此每年这里都会上演动物大迁徙。

Welcome to Africa

非洲大草原成为非洲最独特的"名片"。

你知道这座巍峨的高山是什么山吗？

它就是号称"非洲第一雪峰"的乞力马扎罗山，高 5 895 米。

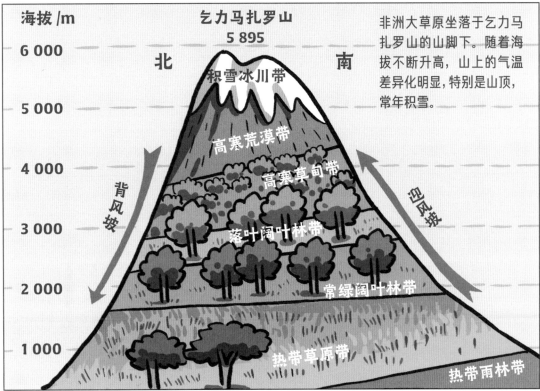

非洲大草原坐落于乞力马扎罗山的山脚下。随着海拔不断升高，山上的气温差异化明显，特别是山顶，常年积雪。

非洲的矿产资源储量很大，特别是金刚石和黄金。你可能会疑惑，非洲明明拥有如此丰富的资源，为什么依然没有摆脱贫困的面貌？一大原因是非洲没有独立开采国内矿产资源的能力，一些技术还要依赖欧美国家。所以，非洲国家虽然有丰富的自然资源，却只能得到少量的分红，难以享受矿产资源带来的经济效益。

长期以来，我们国家便与非洲各国保持着友好的关系，彼此相互扶持，经济协作一步步加强，共同迈向更广阔的未来。

# 缤纷的北美洲

一转眼三个大洲都被我们走完了，不如我们翻越到地球的另一面，了解下西半球的世界。西半球主要分布着两大洲——北美洲和南美洲，西部的科迪勒拉山系将它们紧密联系在一起。

北美洲是世界经济第二发达的大洲，目前有 23 个独立的国家，主要国家有美国、加拿大和墨西哥等。位于北美洲中北部的美国，是世界上最为发达的国家，在全球有着重要的影响力。领土面积位居世界第二的加拿大，是北美洲面积最大的国家，它在北美洲的最北端，有着"枫叶之国"的美称。而墨西哥也有一个类似的称号，名叫"仙人掌王国"，因为那里盛产仙人掌，当地人民以仙人掌为水果，同时它也是酿酒、制糖、做冰淇淋的好原料。

北美洲地跨热带、温带和寒带，复杂多样的气候使其拥有了丰富的自然资源。它有着大量的矿产资源，还有着广阔的草原面积和可观的水利资源。曾有"世界四大渔场之一"盛名的纽芬兰渔场，也位于北美洲，但由于人们的贪婪，它在 20 世纪中后期逐渐衰落。这也给了我们深刻警醒：守护好生态资源，建设好生态文明，才能共享可持续未来。

▶延伸知识

北美洲是世界第三大洲，仅次于亚洲和非洲。那里名山遍布，西部是著名的落基山脉，东部是古老的阿巴拉契亚山脉，中部的密西西比河平原是由世界第四大河流密西西比河冲积而成。

# 热情洋溢的南美洲

南美洲是陆地面积第四大的大洲，它一共包括 12 个国家，巴西是其中面积最大也是实力最强的国家。

南美洲有许多资源丰富的国家。北部的委内瑞拉有大量的石油资源。

南部的阿根廷畜牧业在世界上举足轻重。

目前南美洲各国属于发展中国家，相信通过人们的不断努力奋斗，热情的南美人民未来会无限美好！

南美洲大部分地区位于热带，因此那里无论是气候还是人民都热情奔放，最有激情的国家当然是南美洲的桑巴王国——巴西。

桑巴舞被称为巴西的"国舞"，现已被公认为是巴西狂欢节的象征，是最大众化的巴西文化表达形式之一。其中，巴伊亚的圆圈桑巴舞在2005年被联合国教科文组织列入人类非物质文化遗产代表作名录。

南美洲

哟吼，村长！快来感受下我们热烈的南美风情吧！

哇！好热闹！

# 被大洋包围的大洋洲

从南美洲西海岸出发，乘船向西渡过太平洋，你就可以到达大洋洲。

大洋洲四面环海，由澳大利亚大陆和周围的岛屿组成，陆地面积仅有 897 万平方千米，是七大洲里最小的大洲。要知道，我们中国领土的陆地面积就有 960 万平方千米。虽然大洋洲的面积不大，但是这里的资源却十分丰富，不仅有独特的动植物资源，还有发达的采矿业。此外，大洋洲的国家也很重视旅游业的发展，特殊的地理位置与气候条件吸引着无数游客前来观光。

大洋洲

澳大利亚

# 冰天雪地的南极洲

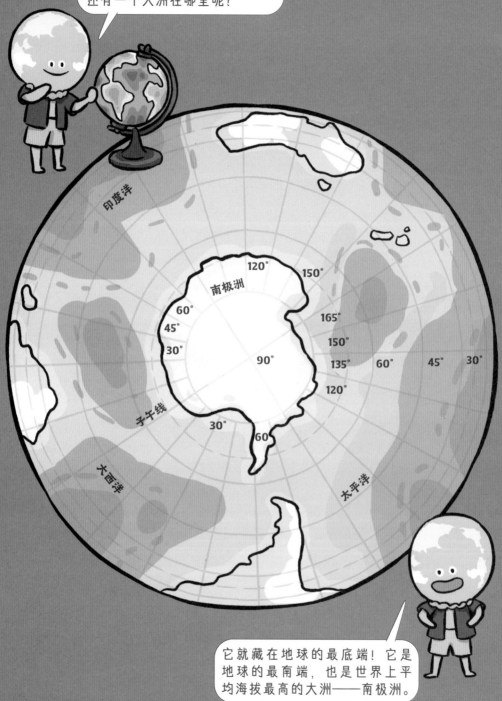

顺时针或者逆时针拨转地球仪，我们可以清晰地看到六个大洲，还有一个大洲在哪里呢？

它就藏在地球的最底端！它是地球的最南端，也是世界上平均海拔最高的大洲——南极洲。

南极洲可以称得上是世界上最寒冷的
地方，这里大部分的陆地都被冰川覆盖，厚厚的冰川
就像一面大镜子，几乎将阳光全部反射，使得这里的
气温更低了。此外，南极洲的海拔也很高，
空气稀薄，难以留住太阳的余热。因此，南极洲又被
称作"冰原大陆"。

即使是在 12 月到来年 2 月的暖季，南极洲的气温
也在零摄氏度以下，最冷可达到零下 80 多摄氏度。
在如此恶劣的自然条件下，企鹅成为这里
为数不多的常住民。它们的羽毛密集而匀称地
覆盖在身体上，有着极强的保暖作用，可以
很好地抵御寒冷。

好冷啊！

南极洲最被全世界所珍视的，还是其重要的科考价值。对于环境科学家来说，南极洲是监测污染物在全球大气中蔓延程度的理想场所，对于动物学家来说，南极洲是研究生物对极端环境条件适应性的最好场所；对于气候学家来说，研究它的冰层特征可以推断出气候几万年来的变化。总之，南极洲可提供的研究价值，几乎涉及了每一个科学领域，这里蕴藏着无数宝贵的科研材料。

作为地球上的最后一片净土，人们想尽一切办法，保护南极的生态环境，制定了《南极条约》等国际公约，同时也向前往的科研人员提出了严格的条件，我们一起来了解下吧。

中山站

长城站

昆仑站　泰山站

中国已建成 4 个长期南极科考站。

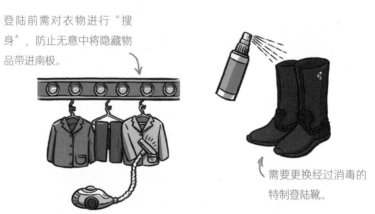

登陆前需对衣物进行"搜身"，防止无意中将隐藏物品带进南极。

需要更换经过消毒的特制登陆靴。

不可带走南极任何生物。

不可随意弃置垃圾。

不可因接近、摄影，而改变动物的生态行为。

不可喂食、触摸鸟类和海豹。

别看南极寒冷，其实在 2 000 米厚的冰盖层下，蕴含着丰富的资源，像铜矿、石油、煤炭、铁矿、天然气等。

石油

铜矿

铁矿

煤炭

天然气

南极的另一个特色就是拥有可爱的企鹅，每年 4 月份，南极的天气开始变冷，海面会迅速冻结，大部分动物都会向北逃到相对温暖的海洋中，只有帝企鹅会长途跋涉到更冷的内陆去繁衍后代。不用担心企鹅们会冻着，因为每当起风时，企鹅们会自发聚拢，由外面的企鹅抵挡暴风和严寒。此时内圈的温度会高达三十多摄氏度，所以它们每隔一小会儿就换换位置，轮流取暖。

嘿嘿，你们去避寒，我要回去迎接快出生的宝贝！

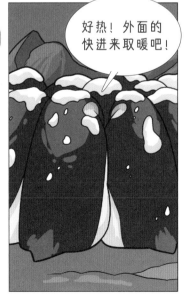

好热！外面的快进来取暖吧！

▶延伸知识 **帝企鹅**

企鹅是世界上游泳速度最快的鸟类之一，体型最大的是帝企鹅，它们站立时约 1.1 米高，最显著的特征是脖子底下有一片一直连通到耳后的橙黄色羽毛。

# 同住地球村

撰文：Sun
美术：露可一夏

如果把世界比作一个大花园，那么每一个国家都是其中的一朵花，它们有着各自的绮丽和光彩，有着各自的历史与信仰。而每个国家的公民都生活在地球这个辽阔的村庄里，一起建设着我们共同的家园。

## 俄罗斯

俄罗斯是世界上地域最辽阔、面积最广的国家，同时它也很美丽，非常具有民族特色。俄罗斯的纬度高，气温偏低，东边的山地地区尤为寒冷，被称为"北半球的寒极"，所以人们主要生活在西南部。

俄罗斯的首都——莫斯科，是全国最大的城市和政治、经济、文化中心，辉煌的克里姆林宫和红场是其标志性建筑。

▶ **延伸知识** **俄罗斯套娃**

俄罗斯套娃是俄罗斯特产的木制玩具，一般由多个一样图案的空心木娃娃一个套一个组成，最多可达十多个，通常为圆柱形，底部平坦，可以直立，颜色有很多种，像红色、蓝色、绿色等。最常见的图案是一个穿着俄罗斯民族服装的姑娘，叫玛特罗什卡，所以，玛特罗什卡也是俄罗斯套娃的别称。

真的太冷了！

# 美利坚合众国

这样看美国的地图，是不是很像打满补丁的被子？这些不同尺寸和形状的"补丁"就是美国的各个州。在美国，叫华盛顿的城市就有 28 个，但是只有首都是以美国第一任总统乔治·华盛顿命名的。市中心矗立的是林肯纪念堂，是为了纪念为美国南北统一做出巨大贡献的林肯总统而建立的。

# 澳大利亚

澳大利亚是一个地跨多种不同气候带的国家，西部以沙漠气候为主，中部是热带草原气候，东部沿海地区气温适宜、降水丰沛。澳大利亚的主要城市，如首都堪培拉、经济中心悉尼，都集中在东部。说到澳大利亚，就不得不提到一种动物——袋鼠，袋鼠是这片土地上的国宝，它们走起路来一跳一跳的，是比较古老的哺乳动物群体。早在 6 500 万年前，澳大利亚就与其他大陆分离了，因此这里的物种进化都比较缓慢，而且具有独特性，比如鸭嘴兽、考拉。

但由于近几年来环境被破坏，越来越多的珍稀动物濒临灭绝，这也给人类敲响了警钟。

说到动物，那就不得不提一下澳大利亚的一个称号——"骑在羊背上的国家"。澳大利亚草原广阔、气候宜人，再加上没有天敌，这里简直就是"羊儿的天堂"。因此，这里的羊毛出口量遥遥领先于其他国家。除此之外，澳大利亚的矿产也很丰富，还被称为"坐在矿车里的国家"。

# 欧洲

　　打开世界地图，你会发现本身是一个大半岛的欧洲被分为了很多个国家，每一个国家都美得别有韵味，它们将大自然的馈赠发挥到了极致。当你走进欧洲，可以感受到历史沉淀下来的宁静、古典建筑的壮阔、文化底蕴的厚重和童话般梦幻的瑰丽……

卢森堡宫

### 法国 卢森堡宫

卢森堡宫位于浪漫慵懒的卢森堡公园里，这座充满人文气息的建筑是为了解亨利四世王后的思乡之苦，仿照她小时候住过的"庇蒂宫"修建的。

### 法国 埃菲尔铁塔

风雨中伫立的埃菲尔铁塔，被称为"首都的瞭望台"，它有上、中、下3个瞭望台，可以同时容纳上万名游客，站在上面可以俯瞰整个巴黎。

### 阿尔卑斯山

延绵1200千米的阿尔卑斯山，被世人称为"大自然的宫殿"和"真正的地貌陈列馆"。这里还是冰雪运动的圣地、探险者的乐园。

埃菲尔铁塔

阿尔卑斯山

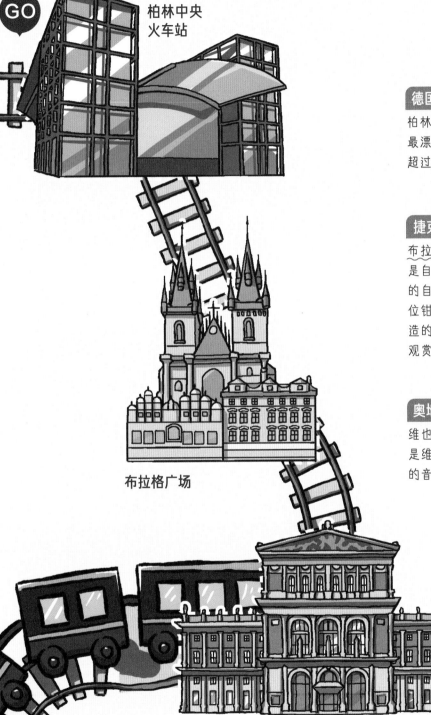

GO

柏林中央
火车站

布拉格广场

维也纳音乐大厅

**德国 柏林中央火车站**

柏林中央火车站被誉为世界上
最漂亮的火车站，这里每天有
超过 1100 列的火车进出。

**捷克 布拉格广场**

布拉格广场最具特色的古建筑
是自鸣钟，这个复杂而又奇妙
的自鸣钟是 15 世纪中期由一
位钳工用锤子、锉刀等工具建
造的，至今走时准确，是人们
观赏的一件珍品。

**奥地利 维也纳音乐大厅**

维也纳音乐厅又称金色大厅，
是维也纳最古老、却最现代化
的音乐厅。

# 细数世界 Top 级景观

在亚洲中心的位置，有着号称最高海拔的高原——青藏高原，它是很多河流的发源地，其中就包括我们熟悉的长江和黄河。青藏高原的平均海拔在 4 000 米以上，因此又被称为"世界屋脊""第三极"。

撰文··Sun

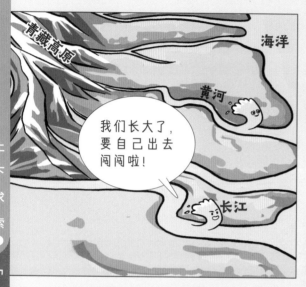

撒哈拉沙漠是世界上最大的沙漠，它的面积甚至超过了美国本土的面积。"撒哈拉"在阿拉伯语中是"大荒漠"的意思。如此恶劣的自然条件，使它成为地球上最不适合生物生长的地方之一。但是撒哈拉沙漠靠近水源的地方，也是有居住人口的。非洲撒哈拉沙漠以南多为黑色人种，以北多为白色人种。

**i 主编有话说**

撒哈拉沙漠并不是只属于一个国家，它横穿非洲大陆北部，分布在马里、阿尔及利亚、突尼斯、利比亚、埃及、苏丹等十多个国家。

世界上最大的平原是亚马孙平原，亚马孙平原拥有世界上最大的热带雨林，世界上最大的高原是巴西高原。神奇的是，这三个"世界之最"都来自巴西。

世界上最深的湖是位于俄罗斯的贝加尔湖，它是西伯利亚的重要渔场，同时影响着该地区的气候。

▶延伸知识

贝加尔湖被誉为天然渔场，那里蕴藏着丰富的生物资源，是俄罗斯的主要渔场之一。湖中有2 000多种特有的淡水湖生物。

亚马孙平原 热带雨林 巴西高原

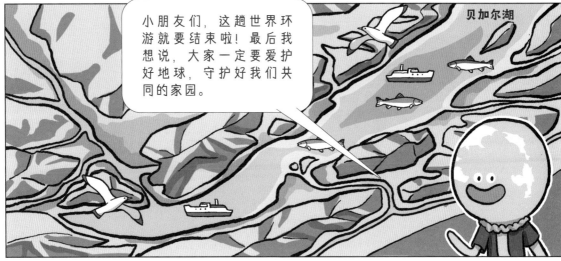

小朋友们，这趟世界环游就要结束啦！最后我想说，大家一定要爱护好地球，守护好我们共同的家园。

贝加尔湖

上下求索 ● EXPLORATION

# 青出于蓝

## 我们要如何与别处的世界相处

宋向光

北京大学考古学系教授
北京大学赛克勒考古与
艺术博物馆馆长

**答** 现代社会和以往的社会的确很不一样，因为现代人做到了前无古人的事——用科技把全球的人们联系在一起，古代人也许一生都走不出故乡的县城，现代人不到一天就能飞到大洋彼岸的异国。听起来，来自世界各地的民族聚到一起非常美好，实际上，民族之间频繁的摩擦和碰撞才更符合现实情况。

拿我们国家举例吧。1978 年，中国开始实行对内改革、对外开放的政策，由此，中国人走了出去，外国人走了进来，含蓄的中国传统文化和开放的外国新潮文化截然不同，人们穿梭于两种文化中，就像是身处两个世界。我一度认为互相震惊的时代很快就会过去，可直到现在，中西文化已经"磨合"了 40 年，针对中国人或外国人的偏见依旧屡见不鲜。不仅是成年人，就连尚处于成长期的未成年人也悄无声息地加入了这支名为"偏见"的大军。

在生活中，我时常感到人与人之间的不可理解，这是出生在不同背景的家庭、接受不同程度的教育、拥有不同经历等因素导致的，把这些因素放到国家层面，偏见产生的原因也就呼之欲出。这些不理解和困惑使人们不知不觉中误解了彼此的意图，从而各自产生了偏见，并把这些偏见传播给了身边的人，甚至下一代。

　　要想打破这些偏见，无疑还要回归到最根本的"理解"上来。有句俗语叫"解铃还须系铃人"，既然这个铃是文化系上的，那就必须由文化解开。什么是文化？文化就是我们身边的一切。没有人有时间和耐心把这一切解释给另外一个人，那怎么办呢？就像一个人的思想与他的经历息息相关，文化都是由历史滚动、积淀而成的，所以，为什么不直接让大家了解彼此的历史呢？

　　希望孩子们多去了解，更加客观地对自身之外的、周遭之外的、别处的世界有更加全面的认知，进而理解生活在别处的人们，避免和消除可能的偏见，期待着你们看到更多的别处的世界。

# THINKING
# 头脑风暴

**01** 猜猜它是谁，看轮廓猜名字！（　）

    A. 非洲

    B. 南美洲

    C. 大洋洲

二年级 科学

**02** 撒哈拉沙漠位于哪个洲？（　）

    A. 非洲

    B. 南美洲

    C. 亚洲

**03** 世界上最大的高原是哪个高原？（　）

    A. 青藏高原

    B. 巴西高原

    C. 帕米尔高原

**04** 被誉为"骑在羊背上的国家"的是哪个？（　）

    A. 澳大利亚

    B. 加拿大

    C. 美国

**05** 克里姆林宫是哪个国家的标志性建筑？（　　）

A. 德国

B. 俄罗斯

C. 法国

**06** 喜马拉雅山脉是由哪两个板块相撞而形成的？（　　）

A. 印度洋板块和太平洋板块

B. 亚欧板块和非洲板块

C. 亚欧板块和印度洋板块

**07** 如果有一天你去法国旅游，可能到访的景点有哪些？（多选题）（　　）

A. 阿尔卑斯山

B. 卢森堡宫

C. 布拉格广场

D. 埃菲尔铁塔

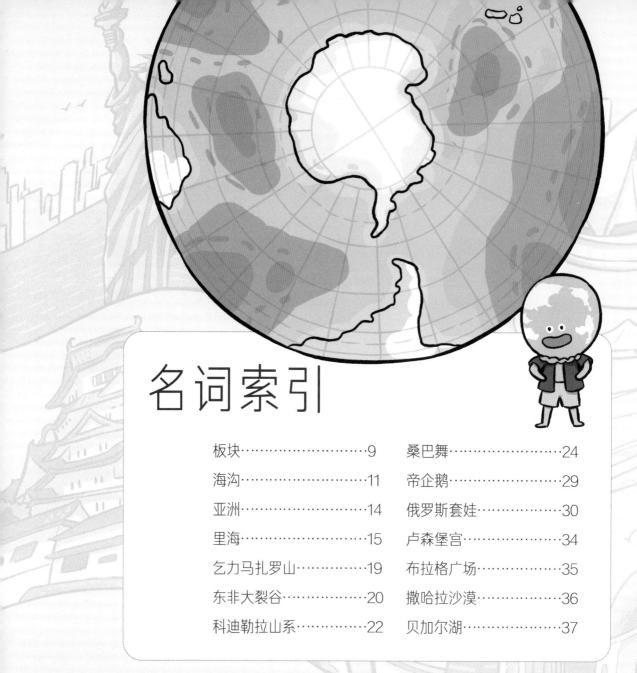

# 名词索引

# 头脑风暴答案

1.A          4.A          7.ABD

2.A          5.B

3.B          6.C

# 致谢

《课后半小时 中国儿童核心素养培养计划》是一套由北京理工大学出版社童书中心课后半小时编辑组编著，全面对标中国学生发展核心素养要求的系列科普丛书，这套丛书的出版离不开内容创作者的支持，感谢米莱知识宇宙的授权。

本册《多彩世界 开启环球之旅》内容汇编自以下出版作品：

[1]《看文明：200 个细节里的中国史》，北京理工大学出版社，2022 年出版。

[2]《这就是地理：世界》，北京理工大学出版社，2020 年出版。

[3]《欢迎来到博物学：海洋馆》，北京理工大学出版社，2022 年出版。

**图书在版编目（CIP）数据**

课后半小时 : 中国儿童核心素养培养计划 : 共31册/
课后半小时编辑组编著. -- 北京 : 北京理工大学出版社, 2023.5
　ISBN 978-7-5763-1906-4

　Ⅰ.①课… Ⅱ.①课… Ⅲ.①科学知识—儿童读物
Ⅳ.①Z228.1

中国版本图书馆CIP数据核字(2022)第233813号

出版发行 / 北京理工大学出版社有限责任公司
社　　　址 / 北京市海淀区中关村南大街5号
邮　　　编 / 100081
电　　　话 / （010）82563891（童书出版中心）
网　　　址 / http://www.bitpress.com.cn
经　　　销 / 全国各地新华书店
印　　　刷 / 雅迪云印（天津）科技有限公司
开　　　本 / 787毫米×1092毫米　1 / 16
印　　　张 / 83.5
字　　　数 / 2480千字　　　　　　　　　　　　　　责任编辑 / 李慧智
版　　　次 / 2023年5月第1版　2023年5月第1次印刷　文案编辑 / 李慧智
审 图 号 / GS（2020）4919号　　　　　　　　　　责任校对 / 刘亚男
定　　　价 / 898.00元（全31册）　　　　　　　　　责任印制 / 王美丽